L^{27}_n 19529.

Académie des Jeux Floraux.

Concours de 1858.

ÉLOGE

D'AUGUSTIN THIERRY,

PAR

M. le Comte Victor d'Adhémar.

DISCOURS QUI A OBTENU UN SOUCI RÉSERVÉ.

TOULOUSE,
IMPRIMERIE DE DOULADOURE FRÈRES,
Rue Saint-Rome, 41.
1858

ÉLOGE

D'AUGUSTIN THIERRY,

DISCOURS

Qui a obtenu un Souci réservé ;

Par M. le Comte Victor D'ADHÉMAR, de Toulouse.

> *Quanta potestas, quanta dignitas, quanta majestas, quantum denique numen sit historiæ.....*
> Pline, Lett. 27, liv. IX.

Messieurs,

Au commencement de notre siècle, toute une génération, inquiète en présence d'une situation imprévue, s'est demandé comment il convenait d'user de l'indépendance née de la révolte. Ceux qui avaient pu juger des excès des dernières années, voyaient les convictions de leur jeunesse devenir des doutes, et découragés ils hésitaient, tandis que les hommes qui débutaient à peine dans la vie espéraient que l'avenir donnerait à leurs efforts cette liberté que la révolution n'avait pu donner à leurs pères. Ils élevaient la voix, et le silence des plus sages les rendait téméraires au lieu de les troubler. Persuadés qu'il suffisait, pour ne pas s'égarer, d'éviter les fautes qui avaient conduit la France à l'anarchie, ils se crurent tous capables d'enseigner la voie qu'il fallait suivre pour arriver sûrement au but.

De là naquirent à la fois toutes les écoles du XIXe siècle, et toutes avec les mêmes droits se mirent à formuler des doctrines. Mais comme, dans toute création de l'orgueil essayant de se féconder lui-même, il est un germe fatal qui se développe avec la vie, la domine bientôt et produit la mort, l'inconséquence fut le vice incurable des utopies nouvelles. C'était le règne de la liberté que l'on voulait fonder, et le premier acte des fondateurs fut un acte despotique, car ils imposèrent leurs doctrines.

Pourquoi la société moderne doit-elle s'affranchir du catholicisme et inaugurer une religion perfectionnée, sans dogmes, sans ministres, sans culte? Pourquoi les institutions du passé sont-elles indignes des nations civilisées et prétendues libres? Parce qu'ils l'ont proclamé, Messieurs, et cela est assez pour que toutes les convictions, même celles qui prennent leur force ailleurs que dans un enseignement humain, doivent céder à cette parole mensongère qui ordonne impérieusement en essayant de nous apprendre les chemins de la liberté.

Le seul droit qu'il soit impossible de méconnaître, parce qu'il frappe la créature et non les conditions diverses qui distinguent les individus, c'est le droit de Dieu.

Or le XVIIIe siècle avait nié ce principe, et le XIXe, dont la doctrine fondamentale était de s'affranchir des traditions, n'y songea plus lorsqu'il montra la même haine que son devancier envers le catholicisme.

Hélas! Messieurs, le changement n'était donc qu'apparent, et le rationalisme de nos jours, pour avoir secoué les plis ensanglantés de son manteau, n'en était pas moins le représentant des anciennes animosités, lorsqu'il vint gronder autour du trône de la Restauration. L'ennemi d'autrefois est facile à reconnaître. Ses rancunes le trahissent, et l'opposition faite à l'Église et à la royauté, nous montrent sous le masque le digne descendant du xviii° siècle.

Pendant cinquante années, que de blessures ont été faites au sein de la société par cette fausse philosophie qui dessèche le cœur en y faisant croître l'orgueil! Dieu a permis, Messieurs, que toutes ne fussent pas mortelles; mais pouvons-nous nommer ici les victimes, et en croirait-on notre voix, si elle proclamait sur cette liste fatale les noms mêmes de ceux qui se sont érigés en triomphateurs?

Au milieu de vous, Messieurs, on peut donner sans crainte ce nom de victimes à tous ceux qui ont déserté le catholicisme, et je sais que votre sollicitude a voulu montrer à la jeunesse l'influence de ce coupable abandon sur une grande intelligence. Vous avez compris que, pour empêcher ce mal contagieux de se répandre dans nos rangs, il fallait dire assez tôt à la génération qui arrive : « Enfants, voyez la plaie; prenez garde! »

L'éminent écrivain que vous avez choisi comme exemple, plus que tout autre devait nous instruire par les égarements de sa vie littéraire et par son illustre repentir. Car, Messieurs, l'Histoire est la réflexion d'un peuple entier consultant ses annales pour apprendre à se connaître ; et Augustin Thierry était historien.

Doué d'un esprit ardent, d'une imagination poétique et impressionnable, il eut bientôt entendu cette voix forte du siècle qui appelle à lui les intelligences pleines des rêves confiants de la jeunesse. La voie ouverte à tous lui parut large; il sentait sa puissance, et brûlant de dépasser les autres, il s'élança dans le courant de la foule pressée.

Mais il emportait avec lui, dans l'intime secret de son âme, une impression profonde reçue aux jours de l'adolescence; et lorsqu'il était déjà loin sur sa route laborieuse, un souvenir d'une vivante vérité lui rappela toujours le guide duquel il avait appris le sentier qu'il suivait. Un jour de l'année 1810, un écolier, seul dans une des salles du collège de Blois, était absorbé par la lecture d'un ouvrage tout nouvellement publié. Silencieux et immobile, il en parcourait les pages d'un œil avide; un geste lui échappait parfois, et sans s'interrompre il tournait rapidement les feuillets. Tout à coup le voilà debout, et, dans un enthousiasme fébrile, hors de lui, *il répète à haute voix, en faisant sonner les pas sur le pavé :*

« Pharamond ! Pharamond ! nous avons combattu
» avec l'épée, nous avons lancé la francisque à deux
» tranchants; la sueur tombait du front des guerriers,
» et ruisselait le long de leurs bras; les aigles et les
» oiseaux aux pieds jaunes poussaient des cris de joie;
» le corbeau nageait dans le sang des morts; tout
» l'Océan n'était qu'une plaie; les vierges ont pleuré
» longtemps (1). »

Cette jeune âme était inspirée, elle venait de s'éprendre d'un amour ineffaçable pour les héros du passé, pour les vieux Francs, avec leurs peaux de bêtes, leurs massues, leurs cris de guerre; et elle le devait à celui à la louange duquel tous les écrivains de nos jours peuvent répéter, comme Dante à Virgile (2) :

Tu duca, tu signore, e tu maëstro.

Tels furent, pour Augustin Thierry, les premiers murmures qui vinrent du dehors se joindre aux traditions du foyer. Telles furent ses émotions aux jours

---

(1) *Les Martyrs*, liv. VI.

(2) Voir Thierry, *Préface des Récits Mérovingiens.*

bienheureux où l'homme de vingt ans, s'éveillant tout à coup aux bruits du courant social, sent palpiter autour de lui une vie puissante, inconnue jusqu'alors. Ces intérêts divers que poursuivent les hommes haletants l'étonnent ; les passions des partis évoquent sous des formes saisissantes les souvenirs endormis des récits paternels ; il voit ce qu'il avait ouï conter ; il prête l'oreille, et il entend alors au fond de son cœur un écho sonore qui répond à la lyre vibrante des poëtes contemporains et aux puissantes voix des orateurs, dont la mâle fermeté le fait aspirer vers les gloires de l'âge mûr.

Augustin Thierry se fit promptement remarquer, grâces à la pénétration de son intelligence précoce et à sa vive imagination. Un style entraînant et animé, propre à l'ardente polémique de la presse quotidienne, lui servit bientôt d'instrument pour l'éloquente manifestation de ses théories sociales. Assemblage de préjugés de naissance, d'amour-propre récemment blessé, la passion qui domine l'écrivain aux premiers jours de sa carrière n'est point encore refroidie par les patientes et silencieuses études qui élèveront cette belle intelligence vers la vérité, en la dépouillant des liens que méprise la sincérité dans sa grandeur.

Au milieu des discussions, naissait en lui le besoin de connaître ; convaincu, il voulait convaincre ; il lui fallait des bases solides pour s'appuyer, il les chercha. Mais les études sérieuses auraient dû précéder les jugements arrêtés, et il voulut au contraire demander à la science des arguments pour servir des idées préconçues que déjà il avait émises en public. Ce fut une faute.

Il avoue lui-même que le motif secret de son infatigable ardeur est le besoin de trouver des preuves, et non celui de découvrir la vérité ; et c'est en proclamant sa passion pour le *triomphe de la cause à laquelle il avait voué sa plume* (1), qu'il entreprit les pénibles travaux qui dévorèrent sa santé et sa vie.

Quelle arme dangereuse va donc manier celui qui confesse une telle partialité !.... Car l'histoire est séduisante par son objet ; à la portée de tous dans ses expositions philosophiques, qu'elle accompagne de l'exemple des faits ; puissante et simple à la fois, parce que l'abstraction de ses théories se cache sous le manteau brillant du récit. Elle domine un peuple, elle saisit les hommes dans toutes les classes.

La responsabilité de l'historien découle de cette puissance. Mais croyez-vous, Messieurs, que nos écoles modernes l'aient compris ? A-t-on songé à l'avenir, en évoquant le passé pour le dépouiller avec imprudence et sans bonne foi de ses voiles mystérieux ?..

Un aveu louable par sa franchise, mais regrettable par les conséquences qu'entraînent les principes dont il est l'exposé, nous fera connaître tout l'homme, et nous expliquera l'esprit qui domine ses ouvrages.

« J'avais, dit-il, l'aversion du système militaire,
» jointe à la haine des prétentions aristocratiques de
» la Restauration. Sans aucune tendance précisément
» révolutionnaire, j'aspirais vers un avenir, je ne sais
» trop lequel, vers une liberté dont la formule, si je
» lui en donnais une, était celle-ci : gouvernement
» quelconque, avec la plus grande somme possible de
» libertés individuelles. Je me passionnais pour un
» certain idéal de dévouement patriotique, de pureté
» incorruptible, de stoïcisme sans morgue et sans ru-
» desse, que je voyais représenté dans le passé par
» Algernon Sidney, et dans le présent par M. de
» la Fayette. »

---

(1) M. Thierry, Préface de *Dix années d'études historiques*.

Ces paroles dévoilent tout entière l'âme de celui que nous étudions; elles renferment le secret de sa vie. On y retrouve l'homme de parti offensé, le poëte qui se crée un idéal, dangereux il est vrai à comparer avec les imperfections de la réalité, mais large et noble ; l'homme nouveau qui veut transformer la société par une brusque réaction ; et enfin l'historien qui cherche à personnifier ses idées dans les types de l'histoire.

A coté des fautes que j'évite d'appeler des torts, parce que j'y vois des excuses, je découvre l'indice d'un grand caractère, une certaine générosité que l'on aime, et dont le souvenir fait naître à la fois de la sympathie et des regrets pleins d'amertume. Oui, Augustin Thierry s'est souvent trompé; mais lorsque dans ses dernières années nous le verrons, accablé sous le poids de la souffrance, pensif, inquiet, dire avec courage et simplicité : « Dites-moi donc où ma » plume a été injuste », nous oublierons que l'homme fut faible, et nous nous rappellerons que le siècle fut mauvais.

Depuis longtemps déjà, l'histoire avait pris un caractère tout nouveau ; il est nécessaire de l'indiquer, pour faire comprendre le rôle désormais assigné à ceux qui essayèrent de l'écrire.

Nous n'avons plus ces paisibles conteurs d'autrefois, dont les châtelaines se plaisaient à entendre les récits ; il faut à notre activité une plus grande actualité dans l'intérêt. Nos historiens sont devenus des orateurs, qui veulent avec la puissante raison des faits dominer leurs contemporains, préparer l'avenir au moyen du passé, et non se laisser guider comme des voyageurs dans les sentiers, silencieux aujourd'hui, que les peuples parcoururent autrefois.

Pour arriver à ce résultat, qui est la conquête de

nos écoles, il fallait s'affranchir d'une tyrannique habitude, celle d'entrevoir le passé à travers le prisme de l'atmosphère contemporaine. Les grands mots de *Nation, Royauté*, apparaissent, dans la plupart des anciens écrits, comme des personnages fictifs, qui depuis le ve siècle jusqu'au xviie, semblent avoir joué un rôle idéal. Cette indétermination enlevait à l'histoire son intérêt, en lui donnant une pesante uniformité. Ces liens ont été brisés, et l'art, venant se joindre aux méthodes scientifiques, a revêtu l'histoire d'une forme nouvelle. MM. Guizot et Villemain partagent la gloire de cette réforme avec d'autres écrivains de haut mérite, et entre tous se distingue Augustin Thierry, dont les ouvrages ont un caractère propre et que nul encore n'a réussi à imiter.

Le récit avait donc gagné en richesse de couleurs, en vérité locale, pour ainsi dire; mais les cadres systématiques dans lesquels on jeta imprudemment les faits, les dénaturèrent en leur donnant une importance relative qui n'avait rien de réel. On voulut formuler les lois historiques avec la rigueur qui fait l'avantage des sciences exactes. Cette méthode fut pratiquée avec une certaine réserve par l'école rationaliste; mais l'école fataliste en abusa.

Augustin Thierry, dès le début de sa vie publique, au milieu des discussions brûlantes qu'il eut à soutenir avec M. Guizot contre M. de Montlosier, éprouva toute l'amertume des haines envenimées par la lutte, à l'âge où la privation de sympathiques épanchements aigrit le plus le cœur de l'homme. Or, sans les affections qui remplissent le cœur, il reste vide, et bientôt la raison seule le domine. Augustin Thierry fut rationaliste, et il emporta sa blessure dans l'isolement du travail. La société lui paraissait ingrate, les animosités qui fermentaient en elle l'avaient froissé, et pour s'éloigner du présent et se consoler par des rêves des tristesses de la réalité, il poursuivit de ses espérances le séduisant idéal du saint-simonisme.

Connaissant maintenant les germes qui fermentent au fond de l'âme du jeune écrivain, suivons-le dans la voie nouvelle qu'il va parcourir au sein de la solitude. Il semble oublier désormais les agitations qui l'environnent. Les discussions qu'il a soulevées retentissent pourtant encore ; mais déjà, profondément absorbé par le travail, il n'entend plus les hommes du présent. Les bibliothèques, les chroniques, les vieux monuments du passé qui lui transmettent dans toute la fraîcheur de leur naïveté les superstitieuses légendes, ont pour lui un charme irrésistible.

Pour satisfaire à ce goût des recherches originales et en même temps à ses vues de réforme, Thierry devait choisir, comme objet de ses études, un fait qui joignît à son intérêt propre celui d'une actualité politique. L'invasion des Normands sur le sol de la Grande-Bretagne lui parut réunir ces deux avantages. La date de cet événement permettait de trouver en grand nombre les monuments nécessaires pour répondre aux exigences d'une méthode qui enchaîne les aperçus par un récit descriptif, empreint du génie des langues de l'époque. Il fallait cette richesse des annales à l'historien poëte qui poursuivait les traces de la vie dans la poussière des livres, et qui voulait construire un ouvrage capable de renouveler sous nos yeux, comme le drame, les agitations des sociétés, tout en les colorant comme le poëme.

L'écrivain put donc s'entourer de toutes les traditions du moyen âge, et préparer à son tableau les plans lointains de l'horizon, en remontant vers les temps antérieurs ; comme aussi, dans les temps plus rapprochés de nous, indiquer par les tons plus vifs de son pinceau les résultats de la conquête. Son cadre put embrasser également dans un ensemble harmonieux et les incertitudes des peuples qui naissent, et les grandes figures des nations organisées. Au milieu de cette vaste étendue, divisée par les lignes idéales de l'historien, qui groupe les événements comme le géographe les contrées, venaient se dessiner tous les détails. Les guerriers que les bardes avaient chantés revivaient dans son imagination exaltée. Ici, c'est un saxon qu'il suit, tantôt dans les combats autour des forteresses de l'étranger, tantôt au milieu des intrigues des palais ; là c'est Godwin à la cour du roi Edward ; c'est Harold son fils, conduisant ses braves. Les gorges des montagnes, les îles marécageuses qui servent de refuge à ses héros pour y tramer un complot, telles sont les images qu'il évoque, et bientôt il croit en écrivant nous raconter des scènes dont il a été le témoin.

Mais aux précieuses données que lui fournissaient sur cette époque les chroniqueurs contemporains se joignaient des avantages d'une autre nature. La conquête de l'Angleterre est le fait le plus récent parmi tous les bouleversements du même genre, après lesquels les grandes divisions territoriales des pays de l'Europe sont demeurées fixées d'une manière à peu près définitive. C'est donc à partir de ce moment que l'on peut chercher à rétablir la filiation directe qui lie les événements modernes aux établissements du moyen âge. Il semble que depuis le commencement du xi⁰ siècle la marche des peuples étant uniforme, on pourra retrouver dans le passé la trace non interrompue de leurs progrès successifs, et le raisonnement sera moins sujet à s'égarer en affirmant des conséquences que des révolutions inattendues n'auront point modifiées.

Enfin, le philosophe et l'homme de parti trouvait de

plus, dans cette étude, l'occasion d'émettre les idées systématiques de l'école, et d'exprimer ses sentiments personnels, en jetant à la fois le blâme sur l'Eglise et sur les Normands, qu'il voyait unis pour l'envahissement par les puissants liens d'une ambition commune.

Mais, disons-le tout d'abord, le pape Alexandre II et Guillaume le Conquérant eurent d'autres vues que celles d'un intérêt personnel. L'établissement du catholicisme en Angleterre, ses développements, les prodiges qu'il accomplit dans ce pays par l'intermédiaire de quelques hommes, l'influence pacificatrice des papes sur le caractère de tous les rois de nations différentes qui pendant six siècles se succédèrent sur le même trône, devait étonner l'école philosophique, qui ne voit dans l'Eglise qu'une institution humaine. Ce grand spectacle surprit aussi notre historien, et sa raison voulut pourtant expliquer le problème dont elle ne pouvait entrevoir le secret sans se soumettre à la foi.

Comment comprendre, en effet, l'existence d'une force morale se soutenant d'elle-même et sans être défendue, dans un pays troublé par de fréquentes révolutions; et l'unité de vues des représentants de cette force, qui est l'Eglise, contrastant avec les agitations incessantes des peuples qui se disputent le territoire? Augustin, un moine timide, s'introduisant avec quelques compagnons auprès d'Ethelbert, et ranimant les restes éteints de la foi jadis propagée dans ces îles; Lanfranc résistant à Guillaume le Conquérant dont il est l'ami, et maintenant devant lui les intentions du pape; Anselme, patient et fort, soutenant sur le même siége épiscopal les mêmes intérêts; enfin Thomas Becket répandant son sang sur les marches de l'autel pour cette même cause! Qu'est-ce donc? Quelle est cette vérité, soutenue par des hommes inébranlables et en même temps désintéressés, qui inspire à tous ses défenseurs les mêmes doctrines, les mêmes moyens pour atteindre le but, les mêmes paroles pour rallier de fervents prosélytes? Messieurs, il faut le reconnaître, cette puissance, considérée comme le résultat du calcul politique, était inexplicable; et aussi le problème est-il resté comme suspendu dans l'obscurité pour les savants de l'école.

Je me trompe, Messieurs; ils sont restés muets sous la pression de l'orgueil, mais ils avaient senti le doigt de Dieu.

Thierry eut le courage de l'aveu. Comme eux il avait dit dans sa jeunesse : « La nouvelle Rome n'avait
» pas, comme l'ancienne, des légions sortant de ses
» murs pour aller à la conquête des peuples; toute
» sa force était dans son adresse et son habileté à faire
» alliance avec les forts. » Mais plus tard, comparant de nouveau sans doute les deux Romes, mettant en parallèle le pouvoir tyrannique des Empereurs et le règne de cette puissance morale que l'Eglise a introduite dans les sociétés; opposant les hauts faits d'Agricola aux longs triomphes de la foi dans l'île des Saints; comptant le nombre des nations converties, se rappelant les croisades, étonné de voir le même trône résister à dix-huit siècles, il s'écriait enfin......... « C'est que le catholicisme est la vérité (1) ! »

Le retour vous a paru grand, Messieurs, et je ne saurais longtemps m'arrêter aux idées de la jeunesse d'Augustin Thierry au sujet de l'Eglise, lorsque j'entends le témoignage rendu par celui-là même qui l'avait attaquée.

En effet, lorsque ces paroles viennent d'être pro-

---

(1) Voir la lettre du P. Gratry, dans *le Correspondant.*

noncées avec la conviction sincère de l'homme qui, en présence de la dernière heure, s'élève au-dessus de lui-même et se dépouille de toute influence terrestre, pourquoi voudrions-nous soulever une étroite discussion?... « Je me suis trompé! Je me suis trompé! » Voilà ce que vous entendez. Sublime leçon donnée par cette grande intelligence aux âmes inquiètes qui poursuivent l'erreur dans un aride travail !

Oui, c'est l'Histoire avec ses monuments qui a ramené Augustin Thierry à la vérité; en sorte que toutes les traditions du passé, un moment obscurcies, reprennent par ce retour toute leur majestueuse lumière.

Et maintenant, Messieurs, tout en négligeant les détails qui nous égareraient, cherchons à saisir par un coup d'œil d'ensemble le véritable mérite de son grand ouvrage.

Il embrasse dans son développement une durée de six siècles, pendant lesquels s'accomplissent, d'abord, les événements qui préparent la conquête de la Grande-Bretagne; puis, cette conquête elle-même; enfin, les changements qu'elle entraîna dans la suite, comme conséquences plus ou moins directes. Ainsi, pour écrire l'histoire d'une révolution qui semble s'être opérée en quelques années seulement, l'écrivain croit nécessaire de relier par une même trame toutes les circonstances importantes d'une aussi longue période. N'y a-t-il pas disproportion entre l'immense étendue de l'ouvrage et le fait qui en est l'objet ? Non, Messieurs.

On écrit aujourd'hui l'histoire d'une idée, comme, il y a cent ans, on écrivait celle d'un homme; et dans cette biographie nouvelle on embrasse les périodes pendant lesquelles se sont opérés les développements de cette même idée. Les règnes se trouvent alors enchaînés par un lien tout autre que celui de la succession chronologique, je veux dire par un intérêt général, que la mort de quelques hommes et même les changements de dynastie ne viennent pas interrompre.

Or l'histoire de la conquête était l'histoire d'une idée. Etudier les influences de tout genre qu'une invasion violente exerce sur les classes diverses de la société qui la subit, exposer les malheurs qui l'accompagnent et les révolutions morales qui lui succèdent et s'accomplissent peu à peu, tel était le but de l'historien. Mais pour éviter la sécheresse des théories abstraites, il les particularisa en les appliquant à un événement unique qui lui servit de type. Cet événement est la conquête de l'Angleterre. On aurait pu craindre qu'il ne fût effacé et comme perdu dans la grandeur de l'ensemble, qui comprend presque tout le moyen âge ; mais notre auteur, avec la modération de la force, sut établir l'harmonie dans les différentes parties de son livre, et il fit ressortir la conquête en ramenant tout à elle comme à un point unique où les rayons épars viennent se concentrer.

Il fallait, pour rattacher les fils de ce vaste réseau, avoir à son service la science la plus éminente, et posséder en même temps toutes les ressources du talent, afin de jeter cette œuvre, originale par son but et sa nature, dans un moule particulier préparé pour elle.

Le point de vue auquel l'historien s'était placé dans cet ouvrage voulait que les héros de son histoire ne fussent point des hommes, mais des peuples. Aussi l'intérêt ne viendra-t-il qu'accidentellement se reposer sur certaines gloires oubliées que l'écrivain s'est plu à retirer des ténèbres pour les ranimer sous sa plume habile à donner la vie. Lui, dont le cœur était large, s'est attaché par les liens trop forts quelquefois de l'enthousiasme à des populations entières, comme d'autres avant lui s'étaient épris d'un saint Louis, d'un Charlemagne, d'un Alfred le Grand.

Il aime passionnément les vaincus ; et ces cris, ces gémissements plaintifs des opprimés, qui firent si douloureusement vibrer son âme mélancolique, nous disposeraient souvent à partager l'amertume de ses ressentiments contre les vainqueurs ; surtout lorsque, après un tableau déchirant, il fait, avec la force de l'orateur qui veut émouvoir, le portrait de ces Normands, qu'il nous dépeint comme de féroces aventuriers, si peu semblables aux preux chevaliers qu'ils laissent sur les rives de France.....

Mais il faut quelquefois lutter contre les chaudes inspirations du cœur, pour arriver à la froide vérité.

En étudiant l'époque qui précéda l'invasion Normande, l'auteur fut trop ému par les infortunes particulières des peuplades qu'il apercevait tour à tour sous la main du plus fort ; aussi ne put-il porter un jugement général sur la situation de l'Angleterre dans ce moment de crise. Les Pictes, les Scots, les Bretons et enfin les Saxons, l'occuperont successivement tout entier, suivant qu'ils deviendront, les uns après les autres, victimes du nouvel envahisseur. N'eût-il pas été plus vrai de voir dans les bouleversements continuels de la Grande-Bretagne, dans ces luttes incessantes de forces rivales, les caractères d'une société malade qui demande une régénération ?

L'Eglise comprit la nécessité de cette transformation, et dans le dessein de l'accomplir elle s'unit à Guillaume de Normandie. La conquête opéra le renouvellement désiré, et obtint des résultats qui peuvent aider à en apprécier l'avantage. Nous en devons juger, Messieurs, par les conclusions mêmes que l'auteur a formulées pour compléter l'ensemble de son œuvre.

Ainsi, ces populations ont perdu le souvenir de la diversité de leurs origines ; elles se sont fondues en un seul peuple. Ce peuple a créé ses lois ; et sa constitution a cela de très-remarquable, que, sortie d'éléments contraires dans le principe, elle est maintenant l'expression unique de l'opinion. Les progrès ont été lents sans doute ; mais un changement brusque entraîne avec lui la caducité de tout ce qu'il établit, et il fallait, pour que les avantages obtenus fussent sensibles, que les mêmes intérêts eussent longtemps rassemblé toutes les classes et fait disparaître les anciennes divisions.

Je pourrais ici rappeler à votre souvenir les chefs-d'œuvre d'art dont l'historien a parsemé son ouvrage. Son Godwin, son Tosti, ses Outlaws, Robin-Hood, Henri II, sont de saisissantes figures qui devraient nous retenir quelques moments. Mais dans l'illustre écrivain nous étudions maintenant le rationaliste et ses idées ; bientôt nous chercherons en lui le fondateur de l'école descriptive.

Son grand travail une fois terminé, l'auteur voulut suivre un entraînement naturel à tout homme qui vient d'achever dans l'isolement la tâche pénible qu'il s'était imposée. — Reparaître à la vie extérieure est un besoin pour l'esprit qui a longtemps, par un effort soutenu, concentré ses facultés sur un sujet unique. Aussi reprit-il avec une ardeur nouvelle les questions d'autrefois, en continuant un travail interrompu, ses *Lettres sur l'Histoire de France*. Sa méthode pour apprécier les faits, et les ressources que possède l'écrivain pour parer la vérité, y sont exposées sous une forme dogmatique et pratique à la fois. Il propose, en effet, les règles qu'il voudrait voir appliquées, et résout à sa manière les problèmes soulevés par ses prédécesseurs, dont il critique en même temps les procédés. Ainsi, toujours savant sans négliger les prestiges de l'art, il environne sa doctrine des modèles qui la font connaître, et, au milieu de l'énoncé d'une théorie, il s'est plu à isoler quelques faits particuliers de l'histoire générale, pour leur donner, avec les charmes du détail, un relief dont personne avant lui n'avait eu le secret.

Ici, Messieurs, commence pour notre historien une seconde phase de sa vie. Les pénibles incertitudes de la jeunesse ne troubleront plus chez lui le repos de la maturité; et, comme dans la physionomie de l'enfance, il s'opérera dans le talent de l'écrivain une transformation qui fera succéder à la mobilité des traits l'harmonie et la dignité d'une expression uniforme. Thierry, désormais, est parvenu à la perfection qu'il était capable d'atteindre. Mais les leçons du travail ne déterminèrent pas à elles seules le caractère des dernières transformations que subit son intelligence, et les événements qui s'accomplirent sous ses yeux lui apprirent, mieux que les enseignements de l'histoire, que l'homme n'est point maître de l'avenir.

L'ancien Gouvernement tomba, Messieurs, et aussitôt de ses débris surgirent des hommes étonnés de la puissance de leurs efforts réunis. Chacun d'eux, séparément, avait sapé dans le silence. Lorsque l'édifice croula tout à coup, ils levèrent la tête, et, couverts de la poussière du travail, ils virent, par delà les ruines amoncelées, l'espace devant eux.....

Ainsi, arrivés à leur terme, ils éprouvèrent une sorte d'effroi en présence de l'ouvrage de leurs mains. L'homme, en effet, peut-il respecter ce qu'il a créé lui-même? comme l'a dit un philosophe (1). Et pour le repos et la confiance de l'âme, ne faut-il pas res-

---

(1) M. de Maistre.

pecter une force supérieure à la nôtre ? Or, qu'était la révolution nouvelle, si ce n'est la négation de toute force autre que la raison humaine ? Augustin Thierry croyait voir enfin l'avénement d'un Gouvernement tel qu'il l'avait rêvé, libéral, né de la volonté populaire, ayant pour principe l'égalité de tous, l'autorité royale limitée par celle de la nation représentée; et pourtant c'est à partir de ce jour qu'il se retire dans une région plus calme ; la réserve lui paraît nécessaire tandis qu'il est fort ; on dirait que pour lui le jour du triomphe est un jour de déception.

L'animosité va donc faire place à la modération, et les pages de l'écrivain refléteront désormais les jugements plus calmes de son âme. Il ne sacrifiera plus ses sentiments intimes aux exigences du parti pris, et les *Considérations sur l'Histoire de France* le prouveront, Messieurs. L'on aime, en relisant cet ouvrage, qui rappelle les *Lettres* qu'il écrivit sur le même sujet, à ne plus y retrouver les anciennes formules du publiciste ; on sent la maturité, et c'est ainsi que s'annonce déjà le livre magnifique qui vient couronner cette belle carrière : l'*Histoire du Tiers État.*

L'importance du sujet, la nouveauté des points de vue me font un devoir d'indiquer les grandes divisions de cette œuvre, où l'on retrouve le burin du grand maître et la lumière de véritables découvertes. Les caractères de l'école rationaliste n'ont point disparu dans la manière d'Augustin Thierry ; mais, en devenant plus actuel dans son sujet par la nature des questions qu'il aborde, il se montre plus calme. Si le récit n'a pas autant de richesse, l'on accepte aussi avec plus de sécurité ses jugements, qui ne s'environnent pas, pour séduire, du prestige de l'expression. Il néglige la forme descriptive qu'il avait employée dans des sujets moins connus et qu'il fallait éclairer davantage, et, pour écrire l'histoire du pouvoir communal, il adopte un style plus sévère, où le raisonnement vient souvent interrompre la narration.

Les origines de notre société, qui se constitue en s'affranchissant de l'influence romaine, les premières relations qui s'établissent entre les étrangers vainqueurs et les indigènes, les influences de la propriété territoriale sur le pouvoir militaire, tels sont les sujets qui occupent d'abord l'écrivain. C'est, en effet, dans cette époque de formation que les germes d'un pouvoir nouveau commencent à se développer à la fois sur différents points. Les efforts qui doivent conduire l'autorité municipale à l'importance qu'elle acquit plus tard, sont encore isolés, mais ils sont simultanés; les matériaux qui composeront le grand corps du tiers état, sont maintenant dispersés, mais ils sont homogènes. Il suffisait donc de réunir tous ces éléments épars pour leur donner la vie; aussi la première assemblée des Etats généraux obtint-elle ce résultat.

Là les intérêts particuliers se confondirent pour former la base d'une association générale, et l'opposition même que trouvèrent les représentants de l'indépendance municipale dans les classes déjà constituées, contribua à établir l'unité au sein de la bourgeoisie. Tandis que cette force sociale grandissait, l'autorité royale sentait la nécessité de chercher un appui contre le pouvoir de la noblesse féodale, et la communauté d'intérêts politiques eut bientôt cimenté l'alliance du Roi et du tiers état. Mais, en retour des services que ce dernier lui rendait, le pouvoir absolu dut faire des concessions, et son autorité se vit restreinte par l'avénement d'une organisation civile.

Dans les pages animées où notre historien déroule ces modifications successives du gouvernement, on peut dire qu'il a su rendre toutes les oscillations, toutes les palpitations irrégulières de cette société qui n'a pas encore atteint le repos de l'équilibre.

Peut-être les obstacles et les résistances qui ont entravé les progrès du pouvoir communal ont-ils trop irrité l'homme de parti pour qu'il pût reconnaître que l'opposition et la lutte sont nécessaires afin de prévenir l'abus; il oubliait aussi, dans son impatience, que le propre des établissements humains est de se perfectionner par saccades: espérer un développement uniforme, exempt des hésitations de l'erreur qui revient sur ses pas, c'est tomber dans l'utopie. Les retards irritent la passion de l'historien; mais une période d'enfantement n'est-elle pas toujours douloureuse et pénible? Et un progrès, pour devenir définitif, peut-il échapper aux tâtonnements qui, en usant les vieux systèmes, rendent impossible un retour vers le passé?

A partir de Louis XI, une politique nouvelle s'introduit en France. Nul mieux qu'Augustin Thierry n'a apprécié ce monarque, absolu dans un but libéral. « Il voulait, dit l'historien, imposer aux faits le » joug des idées. » Ce mot résume, dans son énergique concision, l'esprit du premier règne où nous puissions voir naître les caractères de notre royauté moderne. L'organisation civile, concession faite à la bourgeoisie, se change entre ses mains en un puissant moyen d'action et d'influence générale, et la centralisation en est le résultat. Voilà de grands traits qui ont à la fois la largeur et la précision d'une ébauche fidèle.

Jusqu'à l'avénement de François Ier, le mouvement progressif du tiers état se vit favorisé par la couronne; aussi sa marche fut-elle rapide. Mais les priviléges enlevés à la noblesse au profit de cet ordre, étaient justement regrettés par leurs anciens possesseurs, et peut-être une crise de réaction aurait-elle suscité des troubles funestes, sans la diversion faite par le chevaleresque François I|er|. Le châtelain reprit son armure, et sa gloire lui fit oublier ses regrets. Après la guerre, les charmes d'une brillante cour et les souvenirs artistiques rapportés de la poétique Italie occupèrent encore le seigneur, tandis qu'auprès de son vieux manoir grandissait une petite ville libre, vivant de l'industrie de ses ateliers, nommant ses échevins, et même organisant sa défense.

Cette époque de halte dans le dépérissement de la féodalité, assura donc d'une manière définitive les résultats obtenus par la bourgeoisie; et c'est Thierry qui nous a indiqué le véritable caractère de cette phase historique.

Nous ne cherchons pas ici à reconnaître si la centralisation était la seule garantie de la plus *grande somme possible de libertés individuelles ;* nous constatons uniquement le travail opéré dans la société française par le tiers état, et nous admettons la générosité de son but, tout en restreignant nos éloges plus que l'auteur, lorsque nous apercevons souvent l'intérêt, la haine et la violence à côté des plus louables efforts.

Dans ses dernières années, le rêve politique de Thierry fut peut-être la fusion générale de tous les éléments de la nation : ce désir personnel lui parut être, à toutes les époques, celui de la bourgeoisie, dont les efforts tendirent, d'après lui, vers la réalisation de cette union féconde de toutes les forces; et le moyen toujours employé par le tiers état pour parvenir à ce but, fut, à ses yeux, la tolérance.

Cette pensée est grande, Messieurs, cette mission était belle pour la bourgeoisie; mais il est difficile de ne pas trouver chez les hommes l'inconstance ou l'animosité, qui oublie les résolutions généreuses; et la majestueuse unité que l'écrivain s'est plu à donner aux tendances d'une classe devenue puissante, est plutôt le rêve d'une grande âme qu'une peinture de la réalité.

Henri IV, dont la politique habile consista dans les accommodements de la tolérance, est aussi un des héros d'Augustin Thierry. Le but de ce prince fut la fusion, il est difficile de le méconnaître; gentilhomme et populaire, cordial par éducation et par humeur, il semblait appelé à tendre à la fois la main à tous les partis. Thierry a compris Henri IV; et ce roi qui reste maître au milieu de la discorde par une force qui se modère sans faiblir, a laissé dans les pages de l'écrivain les larges traits d'une belle figure.

A sa mort succède une époque de réactions : la noblesse proteste contre les agrandissements du tiers état ; elle redoute la crise qui séparera la France de ses anciennes traditions, et dans la réorganisation politique elle voit le triste parallèle des innovations religieuses opérées par la Réforme. L'historien se trouve moins à l'aise en face des événements, aussi n'a-t-il plus le même calme et la même froideur; pourtant sa pensée avait acquis assez d'indépendance pour exprimer avec vérité l'histoire tout entière de la régence d'Anne d'Autriche, dans cette phrase synthétique qui renferme l'explication de toutes les dissensions des trois ordres : « On opposa, dit-il, priviléges à privi-
» léges, et au lieu de la liberté de part et d'autre, on
» voulait la compensation. » C'est un trait caractéristique impartial, qui restera dans nos annales comme la plus fidèle expression des agitations pénibles qui précédèrent la période nouvelle dans laquelle nous allons entrer.

La noblesse, réclamant ses priviléges comme prix des services rendus au royaume sur les champs de bataille, et le clergé, résistant aux idées naissantes et dangereuses de l'indépendance de l'Église gallicane telle que l'entendaient les jurisconsultes de cette époque, se trouvaient réunis dans leur opposition contre le tiers état. Ce dernier prétendait enlever à l'aristocratie ses avantages, et affranchir le clergé d'une soumission trop immédiate à l'Église romaine, en l'assujettissant davantage au pouvoir national. Pour être assez fort dans la lutte, le tiers état se donna « à la monarchie pure, » comme le dit notre auteur, et nous nous trouvons ainsi conduits aux régimes de Richelieu et de Louis XIV. On voit paraître ce qu'on aurait déjà pu prévoir, tant l'historien sait dans le passé nous montrer la raison d'être du présent.

Richelieu ressemble à Louis XI, et il y a de l'analogie entre ces deux caractères, comme il y en avait entre les situations respectives de la France au moment où chacun d'eux eut à exercer son pouvoir. La figure du cardinal, telle qu'elle est apparue à Thierry, et telle qu'il l'a reproduite, fait naître l'idée d'un être inflexible, s'isolant pour rester inébranlable ; nous sommes contraints de l'admirer, mais à notre admiration se mêlera plutôt le sentiment de la crainte que celui de la sympathie.

La politique de Richelieu, à l'intérieur et à l'étranger, a été généralement comprise ; mais du parallèle qu'établit l'écrivain entre l'autorité du cardinal et celle du grand roi qui lui succède, ressort un frappant contraste que l'on n'avait point saisi jusqu'à ce jour. Louis XIV semble continuer les systèmes administratifs du cardinal, et pourtant il introduit dans le pouvoir un changement essentiel. Le ministre, en effet, voyait en quelque sorte « sa personnalité s'éteindre » dans le pouvoir nominal revêtu du droit ; tandis que dans la main du monarque se trouvaient à la fois le pouvoir et le droit. Le premier régime était un véritable partage de l'autorité royale ; le dernier était la monarchie absolue.

L'historien a maintenant suivi la marche des faits jusqu'au milieu du grand règne ; il croit reconnaître dans cette majestueuse époque le triomphe vers lequel les efforts du tiers état conduisaient la société ; mais ici, ne se contentant plus d'être simple spectateur des événements, il veut les soumettre, au contraire, à une théorie préconçue, et surtout il cherche une ressemblance. Lorsqu'il commençait l'histoire du *Tiers État*, sa pensée la divisait en deux périodes : durant la première, la bourgeoisie devenait une puissance nationale, grandissait, modifiait les formes gouvernementales, préparait avec ordre les éléments qui devaient concourir à l'accomplissement de ses vastes desseins, et enfin donnait Louis XIV à la France. Cette unité de vues, nous l'avons dit, était plutôt idéale que réelle ; mais Augustin Thierry espérait y trouver l'explication de la politique du tiers état depuis le XVIIe siècle. La seconde période de l'histoire de ce même ordre, n'était à ses yeux que le reflet de la première ; et en tenant compte des modifications qu'amène l'expérience, il espérait nous montrer une analogie complète entre les progrès de la bourgeoisie de nos jours, couronnés par la Révolution de juillet, et les développements qui avaient conduit à Louis XIV.

Mais l'illusion devint impossible lorsque Thierry vit s'écrouler avec le nouveau règne toutes les bases de son système. L'œuvre du tiers état restait incomplète, et les problèmes que l'on avait prétendu résoudre demandaient encore une solution. Ainsi détrompé, au milieu de l'amertume des espérances évanouies, il renonça à terminer son œuvre, et il céda enfin à la maladie contre laquelle l'espérance d'un succès prochain l'avait si longtemps soutenu. Les faits qu'il voyait s'accomplir en 1848 sans qu'il eût pu les prévoir, lui apprenaient combien il y a de mystères dans l'histoire, et en même temps, que Dieu frappe les hommes quand ils se glorifient dans leur force.

L'histoire du *Tiers État* est donc restée inachevée, Messieurs, et elle est demeurée comme le sublime débris d'un édifice construit dans les jours de l'illusion. Oui, ce monument privé de son faîte rend hommage à la vérité ; car elle a ébloui tout à coup l'architecte de ses clartés sereines, et à ce spectacle il a dédaigné son œuvre.

Et pourtant, quelle grandeur dans cette ruine anticipée! quelle majesté dans les parties déjà construites! Mais plus le travail était admirable, plus l'enseignement que nous donne celui qui le délaisse est profond.

En exposant les idées d'Augustin Thierry, nous avons essayé de rendre un juste hommage à son érudition profonde; qu'il nous soit permis maintenant, en nous occupant du récit, ou plutôt de la mise en scène, d'apprécier les ressources de son art. Nous aurons ainsi montré en lui toutes les qualités que doit posséder l'historien ; car, d'après Thierry lui-même, l'histoire est : « La narration complète, épuisant les tex-
» tes, rassemblant les détails épars, recueillant jus-
» qu'aux moindres indices des faits et des caractères,
» et tout cela formant un corps auquel vient le souffle
» de la vie par l'union de la science et de l'art. »

Dans ses ouvrages de critique, entre autres dans ses *Considérations sur l'Histoire de France*, Thierry avait vivement attaqué la manière monotone des écrivains du siècle précédent. Les Velly, les Millot, les Anquetil, et avec eux les Dubos, les Mably, n'avaient pu trouver grâce devant son impitoyable censure. Leur froideur l'irritait autant que leur méthode, en contrastant péniblement dans son esprit avec les riches tableaux historiques que lui présentait son imagination.

Désormais, à ces vieux systèmes, que la supériorité des nouveaux eut bientôt plongés dans l'oubli, devait succéder un genre particulier qui recherche surtout « l'alliance de la critique et de l'histoire, la » peinture des mœurs avec l'appréciation des idées, » le caractère des hommes et le caractère de leurs œu- » vres, l'influence réciproque du siècle et de l'écri- » vain (1). »

Cet ingénieux et savant procédé, dont Augustin Thierry a épuisé toutes les ressources, a donné naissance à la forme gracieuse et riche récemment inventée pour l'histoire. Mais pour féconder cette méthode, il fallait allier le savoir à la vivacité du regard poétique; don précieux et rare qui fut le secret du talent d'Augustin Thierry, et qui lui donna sa physionomie.

La plume d'un homme qui se plaît aujourd'hui, dans sa retraite, à verser des larmes amies sur les tombes qui viennent de se fermer, écrivait en parlant du jeune Ozanam: « Il n'est pas ordinaire qu'un homme érudit » soit un homme éloquent; la patience nécessaire à » l'investigation des livres et des antiquités, s'allie » mal au feu qui jaillit d'une pensée créatrice (2). » Souvent, en effet, l'étude et la discussion ternissent le miroir où viennent se refléter les trésors enfouis qu'elles découvrent; et le diamant retiré de la mine reste brut, lorsque la science des recherches n'est pas secondée de l'art qui polit.

Mais chez Augustin Thierry, le travail ne détruisit

---

(1) Thierry, Préface des *Récits Mérovingiens*.
(2) Le P. Lacordaire, *Notice sur F. Ozanam*.

pas la souplesse et la grâce ; en se joignant à ces qualités naturelles, au contraire, il les rendit l'expression de la force.

Les esprits qui sont capables de grandes choses les conçoivent dans leur ensemble avant que de leur avoir préparé une forme ; aussi notre auteur trouva-t-il d'immenses difficultés à jeter les premiers fondements de son œuvre. Il n'avait, pour se conduire, que des indications sur la route qu'il ne voulait point suivre ; mais il y avait loin de ces vagues aperçus à la création de ce genre simple et sévère, poétique sans recherche, naturel et saisissant, auquel il aspirait. Il se heurtait avec d'autant plus de violence contre l'impossibilité presque matérielle de cet enfantement subit, qu'il passait ainsi sans intermédiaire d'une tâche aisée et pleine d'attrait pour lui, aux labeurs de l'écrivain qui rassemble, qui groupe, qui réfléchit longtemps avec une attention d'autant plus fatigante qu'elle n'est plus de l'intérêt. Il regrettait les investigations faciles qui mettaient sous ses yeux des tableaux d'abord ébauchés, pour devenir ensuite plus distincts et plus finis, grâce à la variété des détails originaux qu'il parsemait çà et là autour des figures principales. Qui savait comme lui aller voir le passé en quelque sorte, pour venir ensuite nous en parler comme on pourrait le faire des pays lointains que l'on a parcourus dans un voyage paisible et attentif ?

L'inconnu a ses charmes ; découvrir, c'est élargir son intelligence et son cœur, et c'est le secret du bonheur que d'agrandir sans cesse ses connaissances et ses affections. Aussi cela suffisait-il au solitaire amant de l'Histoire. Dans ses travaux de recherche, il trouvait en secret des souvenirs effacés, et il les détachait de leurs voiles pour les contempler avec une sorte d'amour qui ressemble à celui d'un père découvrant dans le cœur de son fils le germe des plus précieuses vertus.

Thierry avait une merveilleuse habileté pour consulter les mystérieux monuments, héritage de nos pères. Il savait surprendre la vérité dans le mensonge d'une âme blessée, parce qu'il connaissait la blessure; et quelquefois, le dirai-je ? il est resté silencieux comme s'il eût été jaloux de sa richesse... Pourquoi donc n'eut-il pas le temps de parler à cœur ouvert et de sacrifier à la vérité les types chéris qu'il aimait ! Il savait recréer un siècle avec ses hommes, ses traditions poétiques, sa littérature, ses monuments même; et en présence des ruines, des débris replacés, dont il se pénétrait par une vue simultanée, il répétait le chant d'une barde avec la langue originale du poëte, il se façonnait à ce langage, il devenait un homme du temps, et puis, inspiré, il prenait son fidèle pinceau.

Essayons un instant de suivre l'historien dans ses recherches, et qu'ainsi la source qui les vivifia nous fasse apprécier ses ouvrages.

J'ai dit qu'il devenait un homme du temps; ne peut-on pas assurer, en effet, qu'il mêla ses pleurs à ceux de ces pauvres femmes normandes qui voyaient, pour la première fois, leurs fils hasarder leur belle jeunesse sur les flots, pour aller aborder sur des rives ennemies, lorsqu'il traduit dans sa fraîche parole les plaintes déchirantes de l'une d'elles.

«Pour aller à la guerre, par delà la mer, au pays
» des Saxons, j'ai vu mon fils Silvestik qu'ils atten-
» dent, Silvestik, mon unique enfant, qui part avec
» l'armée à la suite des chevaliers.

» Silvestik, où es-tu maintenant? Peut-être es-tu à
» plus de trois cents lieues d'ici, ou jeté dans la grande
» mer en pâture aux poissons. Si tu eusses voulu rester
» près de ta mère et de ton père, tu serais fiancé main-

» tenant à Manna, ta douce belle, et tu serais avec
» nous au milieu de tes petits enfants faisant grand
» bruit dans la maison. — Lève-toi, ma petite colombe,
» lève-toi sur tes deux ailes ; volerais-tu, volerais-tu
» loin, bien loin par delà la grande mer, pour savoir
» si mon fils est encore en vie ? »

Et lorsque la colombe est revenue d'Angleterre avec une lettre qui annonce le retour de Silvestik dans trois ans et un jour, la légende continue :

« Deux ans s'écoulèrent, trois ans s'écoulèrent......
» Adieu Silvestik, je ne te verrai plus. Si je trouvais
» tes pauvres petits os jetés par la mer sur le rivage,
» oh ! je les recueillerais, je les baiserais !

« Un vaisseau aborda..., venant de Bretagne, mais
» il était plein de morts, et Silvestik était là... mais ni
» père ni mère, hélas ! ni ami n'avait fermé ses yeux !... »

Vous le voyez, Messieurs, n'est-ce pas une page vivante qui nous transporte dans cette chaumière désolée où la guerre vient troubler les paisibles joies du foyer ? C'est ainsi qu'Augustin Thierry a soufflé sur la poussière de toutes les traditions.

Cette habitude de s'introduire dans la vie intime, de pénétrer les secrets de famille, devait développer dans l'esprit infatigable de l'historien le désir de rendre quelques passages de nos annales avec plus de détails que n'en peut admettre l'histoire d'un pays entier ; aussi avait-il regretté que la France n'eût pas son Walter-Scott, et ne sachant encore s'il pourrait lui-même remplir ce rôle, il indiquait les batailles et les combats qu'il aurait voulu voir contés comme l'avaient été ceux des clans Ecossais et des troupes Orangistes.

Il devait toutefois nous laisser encore des modèles en ce genre. Il avait pour principe, avons-nous dit, d'appliquer l'art à l'histoire ; il imita donc Walter-Scott, mais en donnant à l'histoire la part que ce dernier avait donnée à l'art. L'intérêt devint alors plus sérieux, et ses récits plus graves que ceux du romancier.

Pourquoi faut-il ici signaler une différence de caractère et d'humeur? Walter-Scott n'avait point de haines; il s'introduisait avec une égale sympathie dans la chaumière et dans le château. Au foyer du vassal dévoué, il venait s'asseoir pour écouter la reconnaissance et le dévouement faisant l'éloge du bon châtelain; sous l'âtre flamboyant du grand seigneur, il se plaisait à trouver une cordiale bonhomie jointe à une véritable noblesse. Pourquoi donc Augustin Thierry ne souleva-t-il pas la herse du château, et se contenta-t-il, en regardant avec une amère pensée les menaçants créneaux, de passer en se hâtant?

Désormais nos romans historiques, Messieurs, seront les *Récits des temps Mérovingiens*, œuvre jusqu'ici sans modèle. On y retrouve la manière de l'écrivain de la *Conquête*, mais on dirait qu'il s'est effacé lui-même sous les chroniques dont il imita la naïve simplicité. La politique, en disparaissant, laisse voir nos vieux rois dans toute leur rudesse primitive.

« Frédégonde, l'idéal de la barbarie élémentaire
» sans conscience du bien et du mal; Hilpéric, l'homme
» barbare qui prend les goûts de la civilisation; Mum-
» molus, l'homme civilisé qui se fait barbare, et se
» déprave à plaisir pour être de son temps; Grégoire
» de Tours, l'homme du temps passé, mais d'un temps
» meilleur que le présent qui lui pèse, l'écho fidèle
» des regrets que fait naître, dans quelques âmes éle-
» vées, une civilisation qui s'éteint (1). » Voilà les ca-

---

(1) Thierry, Préface des *Récits des temps Mérovingiens*.

ractères que notre historien s'est surtout attaché à reproduire.

L'Histoire de France a donc été par lui enrichie d'aperçus nouveaux, d'interprétations jusqu'alors inconnues, et ces découvertes ont été consacrées dans une langue que personne n'avait encore parlée.

Mais maintenant, Messieurs, après avoir parcouru l'œuvre dans toute sa majesté, dans sa perfection, si je disais ce qu'un pareil labeur a dû coûter de peines et de sacrifices, quelle part nouvelle il faudrait encore ajouter au mérite! La moitié de cette existence consacrée au travail fut aussi vouée à la souffrance, à la privation la plus cruelle; et pas un instant l'âme forte que Dieu avait versée dans ce vase fragile ne perdit sa généreuse vigueur. Il fut patient, et Dieu nous a montré qu'il était moins sévère envers celui qui s'endort dans l'amertume et la douleur qu'envers l'orgueilleux qui s'enivre de lui-même. Aveugle et privé de la faculté de consulter librement ses livres chéris, il sacrifia son amour de la solitude pensive à l'accomplissement de sa tâche. Un aide lui faisait une lecture qu'il dirigeait à son gré; il marquait les pages qui frappaient son esprit, et sa mémoire étonnante lui permettait ensuite de mettre en ordre les notes éparses qu'il avait dictées.

Dans ses heures de tristesse et d'abandon, son imagination, qui ne s'égarait jamais loin des travaux commencés, lui représentait les objets au sein d'une mélancolique vapeur dont on peut reconnaître la trace dans ses derniers écrits.

La malheureuse Galswinthe ne lui est-elle pas apparue pendant une de ces rêveries pleines de charme, où l'âme triste se plaît dans la tristesse des infortunes des autres? Cette jeune fille que le roi Chilpéric fait demander en mariage ; ces retards que fait naître une mère désolée, ingénieuse dans son désespoir ; les portes de la ville qui s'ouvrent ; Tolède disparaissant derrière les voyageurs, et la pauvre mère embrassant sa fille en pleurs pour la dernière fois : quels tableaux ! Qui nous avait jamais parlé des larmes de Galswinthe, et qui désormais pourra les oublier ?

Privé de la lumière, Augustin Thierry s'était créé d'ingénieuses ressources pour amasser encore de précieux documents ; à des enfants venus de nos pays, il demandait le langage parlé dans nos campagnes, et son esprit en recueillait les sons, en pénétrait la mélodie intime, avec cet instinct que donne l'habitude de découvrir les rapports. Il aimait aussi, lui qui avait souvent prêté l'oreille aux accents des bardes du Nord, à chercher dans les harmonies du génie italien les émotions chéries des peuples du Midi ; et, en suivant les phrases musicales qu'on interprétait devant lui pour le distraire, il répétait les paroles dont elles étaient la riche amplification.

Les chagrins du cœur vinrent se joindre à la souffrance physique lorsqu'il vit une place devenir vide à son triste foyer (1). Mais, malgré les regrets qui aigrissent quelquefois le cœur, cet homme généreux s'entoura d'estime et d'affection. Auprès de son fauteuil de malade, l'intérêt et le charme de sa parole retenait un cercle nombreux ; et ainsi, jusqu'à sa mort, il communiqua aux autres les trésors qu'il avait recueillis.

Enfin, Messieurs, laissons retentir ses dernières paroles, pour qu'il nous instruise encore. « Je suis, disait-
» il au dernier jour, un rationaliste fatigué ! »

---

(1) Mme Augustin Thierry mourut en 1844.

Que de tristesse renferme ce soupir d'un cœur si longtemps resté vide! mais aussi, que d'espérances il nous laisse!...

Messieurs, au milieu des illusions de nos songes se dressent parfois devant nous d'incertaines et fugitives images ; reflets laissés à notre imagination par une impression récente, semblables à l'éphémère clarté que conserve un instant notre œil lorsqu'il se ferme tout à coup après avoir été frappé par la lumière. Il en est de même de nos rêveries littéraires : l'esprit recueilli dans le silence, lorsqu'il a perdu en quelque sorte conscience de lui-même comme notre corps durant la sommeil, voit passer devant lui de symboliques et mystérieuses figures. Les lignes vagues et incertaines qui dessinent ces images nous laissent oublier les faiblesses de l'homme dont elles sont le poétique portrait ; en elles tout est gracieux ; elles ne portent point l'empreinte des misères de la terre.

Au souvenir de Châteaubriand, je crois voir fuir devant moi une jeune fille vêtue de blanc ; sur son front, je retrouve la tristesse de la fille des Gaules, la mélancolie des vierges des Natchez ; mais elle a, comme Cymodocée, les regards tournés vers les cieux. C'est la Muse du poëte!

Et je connais aussi maintenant une autre Muse : ses doigts, il est vrai, ne sont pas suspendus aux cordes d'une lyre, mais ses traits graves et sévères sont pourtant adoucis par les joies mystiques de la poésie. Ses yeux sont fermés. Hélas!... Ne serait-ce pas la Muse de notre historien? Elle s'enfuit, et semble nous dire en nous quittant :

« Haïr, c'est ne pas connaître ! »

www.ingramcontent.com/pod-product-compliance
Lightning Source LLC
Chambersburg PA
CBHW060458050426
42451CB00009B/711